AF479445

LA PERSÉCUTION RELIGIEUSE

SOUS LA COMMUNE

PARIS. -- IMP. SIMON RAÇON ET COMP., RUE D'ERFURTH, 1.

LA
PERSÉCUTION RELIGIEUSE

SOUS LA COMMUNE

PAR

GASTON FEUGÈRE

Extrait du Correspondant

PARIS

CHARLES DOUNIOL ET Cⁱᵉ, LIBRAIRES-ÉDITEURS
29, RUE DE TOURNON, 29

—

1871

LA PERSÉCUTION RELIGIEUSE

SOUS LA COMMUNE

Un caractère propre de l'insurrection du 18 mars a été la haine contre le clergé catholique, inquiété, dès les premiers jours, dans l'exercice de son culte, bientôt publiquement déshonoré par d'odieuses calomnies, frappé enfin et décimé dans ses membres les plus obscurs comme dans ses représentants les plus élevés.

Au lendemain du 24 février 1848, le peuple de Paris, tout frémissant encore d'une victoire qui l'étonnait lui-même, s'était incliné devant un crucifix porté avec respect par un jeune élève de l'École polytechnique. Le clergé bénissait de bonne grâce les arbres de la liberté que les citoyens multipliaient sur nos places, et, symptôme plus significatif, le P. Lacordaire, remontant dans la chaire de Notre-Dame, quand les barricades s'étaient à peine abaissées, voyait se presser autour de lui une foule inconnue, nouvelle, encore armée, qui, malgré la gravité du lieu, saluait par ses applaudissements les accents de sa libre et fière éloquence. Même quand l'horizon se fut assombri, que les faubourgs s'agitèrent de nouveau, que l'ouvrier, égaré par de détestables doctrines, parla de ressaisir les armes, ce ne fut pas contre l'Église que se tournèrent les menaces de l'insurrection prête à éclater. Les excitations de quelques fanatiques restèrent sans écho. La balle qui frappa mortellement l'archevêque de Paris ne fut tout au plus, on peut le croire, qu'un attentat isolé, et cette noble victime de la guerre civile fut rapportée toute sanglante dans le palais épiscopal, au milieu des témoignages d'une douleur unanime.

La révolution du 18 mars prit, dès l'abord, contre la liberté du culte catholique un caractère menaçant. Il apparut clairement au regard le plus superficiel que l'Église touchait à l'une de ces heures de crise et d'épreuve que Dieu lui ménage dans le cours des temps, pour lui rappeler qu'elle est fille du Calvaire, et aussi pour faire éclater devant les hommes distraits et légers son indestructible vitalité. La Commune, après un triomphe qu'elle n'avait dû qu'à une surprise et un malentendu, portait la main sur le vénérable archevêque de Paris, qu'elle arrachait à ses devoirs sacerdotaux et jetait dans une infâme prison, sans pitié pour son âge et pour les défaillances journalières d'une santé depuis longtemps altérée. Mgr Darboy avait été prévenu, par des amitiés justement effrayées, du danger qui menaçait sa liberté. On le pressait de s'éloigner, de ne pas donner à de tels ennemis l'avantage de tenir dans leurs mains sans scrupules un otage aussi précieux. Le doux et saint prélat repoussa avec fermeté ces trop prévoyantes sollicitations; il revendiqua, comme le privilége de son rang dans le clergé de Paris, l'honneur de souffrir le premier pour le Christ et pour l'Église. Comme son maître, il attendit Judas sans trouble. Il reçut la horde tumultueuse des prétoriens de la Commune avec cet air d'affabilité tranquille et pleine de dignité qu'il portait toujours avec lui, avec ce visage éclairé d'un sourire bienveillant, auquel le signe manifeste d'une souffrance intérieure, refoulée par la volonté, ajoutait comme une grâce de plus. D'ailleurs, pourquoi le cacher? il ne mesurait pas encore la grandeur du péril, il rassurait même ceux qui, parvenant jusqu'à lui, laissaient échapper, avec p'us de tendresse que de discrétion, la confidence de leurs craintes. S'il se refusait à croire sa vie menacée, c'était peut-être par une délicatesse d'humilité qui ne lui permettait pas de s'estimer assez parfait, pour rendre le témoignage du sang. Avait-il d'ailleurs des ennemis? Quel homme avait-il blessé par un acte arbitraire, ou seulement par une parole empreinte d'amertume? Qui eût osé l'accuser d'avoir jamais, dans ses rapports avec les grands, fait fléchir la dignité épiscopale, ou montré à l'égard des plus petits l'ombre même du dédain ou de l'indifférence? Pendant les longs mois du siége de Paris, ne l'avait-on pas sans cesse rencontré au chevet des blessés, écoutant toutes les douleurs, essuyant toutes les larmes, entremêlant aux consolations de la foi les accents émus du plus pur patriotisme?

Quelques jours avant l'arrestation de Mgr Darboy, du vénérable curé de la Madeleine, et d'autres membres distingués du clergé, la Commune avait proclamé la séparation de l'Église et de l'État. Il lui tardait sans doute de montrer le sens qu'elle attachait à cette formule. On ne pouvait espérer qu'après avoir frappé dès l'abord des coups aussi audacieux, elle gardât aucun ménagement. Sous le prétexte hypocrite de chercher les armes cachées, elle faisait envahir les églises, forcer les troncs, soulever le marbre des autels, profaner les objets du culte. La population chrétienne de Paris se rappellera longtemps le dégoût et l'indignation qu'elle ressentait quand, troublée tout à coup dans le recueillement de sa prière, elle se voyait assaillie d'une foule sans nom, déguenillée, qui se répandait dans le temple, le képi sur la tête, le sabre nu à la main, la menace et le blasphème à la bouche. Parmi les malheureux entraînés dans la complicité de ces actes odieux, quelques-uns restaient silencieux, comme affaissés sous le poids d'une honte qu'ils partageaient malgré eux. La plupart, les chefs surtout, remplissaient leur mandat avec cet air d'importance et d'ostentation arrogante qui semblait faire partie de l'uniforme. Les fidèles étaient chassés ou retenus, selon le caprice du chef de bande, les portes gardées militairement, les recherches poussées en tous sens avec une indiscrétion impertinente. Les plus soupçonneux se glissaient jusque dans les conduits souterrains du calorifère, rapportant, à défaut d'armes, des vêtements noirs de suie et un teint plus échauffé que de coutume. Heureuses encore les églises qui ne furent pas indignement souillées par des genres de profanations que la plume se refuse à décrire!

Mais il ne suffisait pas à la Commune de paralyser l'exercice du culte en privant un grand nombre de prêtres de leur liberté. Son ambition avait de bien autres visées. Il lui appartenait, pensait-elle, d'arracher enfin le peuple à l'ignorance séculaire dans laquelle le clergé l'avait retenu. Les congréganistes furent chassés de leurs écoles, et la Commune, fidèle à mentir en toute occasion, proclama qu'ils avaient *abandonné leur poste.* Ces vénérables sœurs que Paris, même dans ses jours de fièvre révolutionnaire, avait toujours respectées comme l'expression la plus haute et la plus pure de la charité et du dévouement chrétien, se virent remplacées par des institutrices laïques à prix réduit, sans autre brevet, le plus souvent, que celui d'une instruction suspecte et d'une moralité plus indécise encore. Du reste, elles mirent leur honneur à satisfaire les rares familles qui, par préjugé ou faiblesse, leur avaient livré leurs enfants. Il fut convenu que, par respect pour la liberté, on ne prendrait plus celle de faire épeler le nom de Dieu, et qu'en manière de prière, au début et à la fin de chaque exercice, on chanterait *la Marseillaise.* On tint parole. La Commune, pour son malheur, n'aura pas assez vécu pour mettre en pratique les programmes de l'instruction dite « intégrale et rationnelle » qu'elle méditait d'appliquer à l'enfance. La question était à l'étude. On s'entendait sur les principes essentiels. Dieu, le Christ et l'âme étaient sévèrement proscrits des écoles. Le corps restait maître de la place. Le catéchisme était transformé en un cours d'hygiène. Dans les entretiens populaires de la rue d'Arras, le citoyen Edmond Douay, esquissant un programme d'éducation nationale, déclarait « que le développement intellectuel de l'enfant doit commencer par la connaissance élémentaire de sa constitution physique, *au moyen d'un écorché et d'un squelette d'enfant*[1], » pour « se continuer par le français, l'anglais, l'allemand, etc. » L'ordre est logique. Puisque, de par la Commune, il nous est défendu d'espérer que nous soyons autre chose qu'un composé de chaux, d'oxygène et d'azote, notre premier, et, à vrai dire, notre seul intérêt, est de veiller à la bonne économie de ces précieuses molécules que la mort doit un jour disperser et livrer à tous les hasards d'une transformation inconnue. Le plus désintéressé des communeux ne saurait être blâmé de reculer pour lui-même et pour les autres le moment où il ne rentrera plus dans la société que sous la forme par trop impersonnelle de fruit ou de légume. En vérité, la gaieté française trouverait son compte dans ce programme « d'éducation nationale, » si elle le rencontrait sur l'un de ces petits théâtres qui, en 1848, approvisionnaient leurs *foires aux idées* des sottises échappées le matin aux révolutionnaires de l'époque. Mais si l'on pense que ces théories honteuses eurent deux mois pour théâtre, non une scène étroite bornée par une rampe de gaz, mais une grande cité, une ville que l'Europe regardait hier encore comme sa capitale intellectuelle ; si l'on se rappelle que ce matérialisme pratique était hautement proclamé à la Commune, déclaré dogme démocratique par le meeting de l'Internationale à Bruxelles, sous le nom ignoble de « la liberté du ventre, » propagé sous toutes les formes par ces feuilles empoisonnées qui paraissaient à chaque heure du jour, le rire s'efface, on sent la grandeur du danger que vient de courir la religion ainsi que la société elle-même.

Cependant les colères de la Commune devenaient chaque jour plus ardentes. Après avoir violé l'Église dans la double liberté de son culte et de son enseignement, elle voulut lui ravir ce qu'elle appelle son « insolent monopole de la charité ». La prétention n'est pas nouvelle, et de tout temps, on le sait, le mot de charité a particulièrement offensé les écoles antichrétiennes. Il était naturel que la Commune, expression brutale du matérialisme politique et social, prît en haine un terme emprunté à la langue évangélique, qui ne peut se définir sans qu'apparaisse l'idée de Dieu, et sans doute humilie le pauvre, en le transfigurant en un membre souffrant de Jésus-Christ. La Commune prenait même déjà de l'ombrage pour le mot de *fraternité*, inscrit sur les pierres de nos monuments plus souvent que dans les cœurs, et qui lui apparaissait suspect de certaines attaches cléricales propres à en compromettre à ses yeux la bonne réputation.

---

[1] Voir *La Nation souveraine*, 26 avril 1871.

Il est difficile, même à un membre de la Commune, d'ignorer que le prêtre appelle les fidèles *mes frères*, plutôt que citoyens. Ainsi la fraternité, accusée d'être un compromis entre les chrétiens et les libres penseurs, tombait en disgrâce et voyait son avenir menacé par la fortune, tous les jours croissante, du terme vraiment démocratique, la *solidarité*. La jurisprudence nous apprend que la solidarité est un engagement par lequel deux ou plusieurs personnes s'obligent les unes pour les autres, et chacune pour toutes, s'il est nécessaire. La Commune acceptait la définition dans toute son étendue. A cette flétrissante humiliation de la charité chrétienne, à ce sentiment vague et tout individuel de la philanthropie, elle allait donc substituer le système nouveau de la solidarité, dont le principe serait la reconnaissance expresse du droit de chacun à recevoir, et, s'il le faut, à prendre, dans la mesure de ses besoins, la part qui lui revient du capital commun. Les municipalités s'empressèrent d'expliquer cette importante révolution aux clients ordinaires du bureau de bienfaisance, qui d'ailleurs ne reçurent ni un vêtement ni un bon de plus. Mais comme il convenait, avant tout, « d'éclairer les masses, » et de nourrir chez elles la haine et le mépris de la religion, on insista fortement sur le caractère nouveau que la charité publique allait revêtir, et l'on proclama que, depuis des siècles, l'Église avait, au profit de son despotisme, maintenu l'humiliation des classes déshéritées et retardé l'avénement du grand principe de solidarité qui transforme la carte d'indigent en une créance régulière, en un billet à ordre payable le jour de son échéance.

Les ennemis de l'Église ont toujours cherché à l'atteindre dans son double ministère d'enseignement et de charité. La Commune, absolument dénuée de la faculté inventive, et qui ne sut, pour cacher sa nudité, que rapiécer misérablement les tristes oripeaux de 93, pouvait suivre une autre voie. Malgré tout, elle trouvait encore des résistances, et dans certains quartiers, même populeux, ses ordres étaient mollement exécutés. Il se rencontrait des gardes nationaux qui n'entendaient pas qu'on expulsât le clergé de leur paroisse « avant que leur enfant eût fait leur première communion ». Les fédérés blessés sur le champ de bataille repoussaient rarement le prêtre qui leur apportait des consolations, et parmi ceux dont les funérailles païennes étaient chaque jour une manifestation contre l'Église, plusieurs s'étaient éteints la veille bénis par l'aumônier, et murmurant une prière de leur enfance. Serait-il vrai que dans ce peuple de Paris, travaillé depuis si longtemps par l'impiété et le matérialisme, il se cache encore à son insu, au plus profond de son cœur, comme une dernière fibre religieuse qu'il n'est pas aisé de faire mourir tout entière? La Commune et ses agents n'épargnèrent rien pour empêcher le peuple de se reconnaître et de prendre honte de ses premières violences. Toute pudeur fut rejetée ; les provocations au pillage des églises, à l'arrestation des prêtres en qualité d'otages, devinrent incessantes et vraiment furieuses. On approuva hautement à la Commune que les temples chrétiens fussent changés en clubs. Il était juste, disait-on, que la vérité se fît entendre à la place même où trop longtemps le mensonge avait été prêché. On vit s'ouvrir les clubs *Eustache*, *Nicolas*, *Sulpice*, etc. Satan triomphait. Devant une foule à moitié avinée, dans la chaire surmontée de drapeaux rouges, devant l'image du Christ, laissée là sans doute pour assister à sa défaite, un orateur s'écriait : « A bas le Christ, et vive Satan ! Satan, je le salue comme le premier révolutionnaire, lui qui a dit le premier : *Je ne servirai pas.* » Tous les soirs, dans les églises, des femmes demandaient la mort de l'archevêque et la chasse aux prêtres. En même temps, les vitrines de certaines boutiques déshonnêtes provoquaient les yeux des passants par des caricatures ineptes et grossières contre le clergé et les sœurs de charité. Eh bien ! la calomnie osa plus encore, comme si elle fût jalouse de se donner le spectacle de toute l'étendue de son action. On lança, comme on dit dans le jargon, l'affaire du couvent de Picpus. Elle réussit. Les protestations des maîtresses et des élèves de la maison compromirent bien un instant le succès de l'édifiante entreprise. Les terribles camisoles de force, découvertes par *le Mot d'ordre* au fond des caves, eurent l'humiliation de descendre au rôle inoffensif d'instruments orthopédiques. L'effet allait manquer et le rire gagnait le public, quand *le Mot d'ordre* déclara gravement, par l'organe de son rédacteur en chef, « qu'il maintenait ses affirmations, et que, loin de dépasser la vérité, il l'avait plutôt affaiblie, pour ne pas irriter la juste colère du peuple. » Est-il un argument plus fort et un sentiment plus délicat? Ce fut partout le signal de fouilles exécutées dans les églises occupées. Comme il était facile de le prévoir, des squelettes furent partout découverts. La preuve était faite et l'heure de la justice avait sonné. Comme dans la vision d'Ézéchiel, ces ossements, troublés dans leur dernier repos, se dressaient, se rapprochaient de toutes parts, et, au dire de la presse communale, racontaient assez éloquemment les crimes du clergé pour qu'il fût désormais inutile de le défendre. Ce n'est pas ici une raillerie. Un matin, tous les murs de la capitale, les portes mêmes des églises, se couvrirent d'une affiche sur papier blanc où les crimes commis à Saint-Laurent étaient dénoncés par la municipalité de l'arrondissement au « peuple intelligent, brave et sympathique de Paris. » L'infâme placard était d'un style à défier une honnête femme d'en subir la lecture jusqu'à la fin. Par une prosopopée du plus haut goût démagogique, un crâne qui, bien entendu, avait

été celui d'une jeune fille, racontait les convulsions de sa longue ago-
nie, les lentes douleurs de l'étouffement, quand, après les derniers
outrages, elle avait été enterrée vive par des bourreaux intéressés à
son silence. Mais vainement les bourreaux avaient espéré ensevelir
leur crime avec leur victime. La science avait parlé. Le mot de
science, on le sait, est du plus grand effet : il ferme la bouche aux
interrupteurs, déconcerte le questionneur indiscret et sceptique, il
répond à tout. C'est le *sans dot* de la démagogie, quand elle s'adresse
à la foule. La science donc, en auscultant ce crâne, en avait fait jail-
lir ces terribles confidences qu'elle livrait au « peuple intelligent »
de Paris. Aussi avait-elle le droit, après ce prodige de divination
phrénologique, d'adjurer les citoyens, au nom de l'honneur de leurs
familles, de chasser le clergé, de détruire ses dangereux « repaires ».
Elle conjurait le peuple, dans un galimatias solennel, « de ne pas
se coucher dans son tombeau, comme Charles-Quint, » mais « de se
réveiller comme Lazare, » et « de prendre ce *charnier* pour le
phare de son avenir. » L'auteur s'arrêtait là, sans doute pour ne
pas affaiblir l'impression d'une image aussi saisissante.

On conçoit comment, sous l'action vraiment satanique de pareil-
les excitations, les insurgés, refoulés et déjà acculés par l'armée
française, n'ayant plus le temps que de commettre un dernier crime,
aient fait expier leurs espérances trahies aux nobles prisonniers de
Mazas et de la Roquette. La Commune s'était promis, si la fortune
l'abandonnait, des funérailles dignes d'elle : elle les a eues. Comme
ces peuplades sauvages de l'antiquité, elle les a entourées de sacri-
fices humains, pendant qu'elle les éclairait par d'immenses foyers
d'incendie. Nous n'avons pas à retracer ici des scènes trop présentes
à l'esprit de tous ; la mémoire des religieux, des prêtres et de leur
saint archevêque, frappés, à la fin du jour, dans le fossé de la Roquette, attend l'hommage d'une autre voix. Du moins on peut le dire,
les âmes chrétiennes ont été comme réveillées de leur douleur par
le récit de ces morts pleines de gravité et de constance, simples et
héroïques, comme sait être la mort transfigurée par la foi. Et presque
à l'heure même où tombait l'archevêque et que les balles brisaient
cette main qu'il étendait encore pour bénir ses assassins, non loin
de là, des misérables expiaient déjà justement leurs crimes, et ceux-
là, ils mouraient le blasphème ou l'ironie à la bouche, ou saluant
d'un dernier cri cette humanité qu'ils croyaient avoir servie, parce
qu'ils l'avaient délivrée de Dieu et réduite à s'adorer stupidement
elle-même.

Au lendemain de la crise sociale et religieuse que nous venons de
traverser, quand la fumée des incendies allumés par la Commune
s'est à peine dissipée, on ne peut espérer pénétrer dans toute leur

étendue les sévères enseignements qui nous sont donnés par la Providence, et peut-être n'est-il pas temps d'établir la part des responsabilités qui reviennent, dans nos malheurs publics, aux doctrines prêchées avec audace et succès par les écoles antichrétiennes. Du moins il est quelques réflexions naturelles et simples qui s'imposent ici à tout esprit sincère.

En 1866, l'année de Sadowa, après les manifestations du congrès de Liége et de la réunion de Genève, l'évêque d'Orléans dénonçait une fois encore les redoutables envahissements de l'athéisme politique et social[1]. Jamais l'éloquence de l'illustre prélat ne fut plus forte et plus pressante, jamais sa voix n'eut des accents plus émus, et son regard une plus nette perception de l'avenir. Répondant à ceux qui ne voulaient voir dans les étudiants de Liége que des étourdis dont l'âge amortirait bientôt l'exaltation, il écrivait ces paroles prophétiques : « Qui donc a formé ces jeunes gens? Quels livres, quels journaux, quelles revues lisent-ils? Qui leur a servi chaque jour une telle pâture? Est-il besoin de le dire? Qui nous les a *préparés pour les catastrophes politiques à venir? Dans dix ans peut-être, ces hommes-là gouverneront.* Le congrès de Liége et les articles de certains journaux révèlent les Saint-Justs, les Héberts, les Chaumettes, les Carriers futurs d'une nouvelle révolution démocratique et sociale. » Et s'appropriant une citation de Leibnitz, Mgr Dupanloup parlait encore « de ces hommes qui, se croyant déchargés de l'importune crainte d'une Providence surveillante, tournent leur esprit à séduire les autres, et, s'ils sont ambitieux, sont capables *de mettre le feu aux quatre coins de la terre.* » La France écouta d'une oreille distraite les avertissements d'un évêque qui a montré comment il savait l'aimer quand elle est malheureuse. Les délicats et les lettrés des écoles irréligieuses répétèrent, comme toujours, que le prélat attaquait bien légèrement la société moderne, qu'il voulait effrayer les esprits au profit de la question romaine. La leçon terrible des derniers événements suffira-t-elle pour donner aux ennemis du christianisme qui réprouvent les violences et les crimes, à défaut de repentir et d'humilité, plus de réserve dans leurs réponses, plus de modestie dans leurs affirmations?

La persécution religieuse de 1871 a été moins longue et moins sanglante que celle de 93 ; elle restera peut-être marquée dans l'histoire d'un plus honteux caractère, parce qu'elle a été le résultat d'une vengeance froidement concertée, qui, de plus, a tout fait pour flétrir ses victimes avant de les immoler. D'ailleurs c'est là un trait qui honore le clergé de Paris. Il faut bien calomnier et frapper dans

---

[1] *L'Athéisme et le péril social,* par Mgr l'évêque d'Orléans. Ch. Douniol, 1866.

l'ombre ceux qu'on ne saurait combattre à visage découvert, ceux qui, traduits devant un tribunal, sous la double garantie due à tout accusé, celle de la défense et de la publicité, rendraient impuissante la haine de leurs juges par une justification trop éclatante. En 93, l'Église de France avait à se purifier, à se rajeunir par l'épreuve. Les souillures du dix-huitième siècle l'avaient atteinte. Mais qui oserait aujourd'hui refuser de rendre hommage aux vertus du clergé français, à la pureté et à la dignité de ses mœurs, à son dévouement patriotique? Dans Paris assiégé, dans nos provinces envahies, sur le champ de bataille comme aux ambulances, a-t-il marchandé ses fatigues, ménagé sa vie? Pendant ces six mois de désastres, le cœur du clergé et le cœur de la France n'avaient-ils pas battu des mêmes espérances et saigné des mêmes douleurs? Le clergé de 1871, odieusement persécuté par la Commune, était le même que celui de 1848, traité avec déférence par tous les partis. Son œuvre s'était accrue, au contraire, de vingt-deux ans de travaux apostoliques, poursuivis avec honneur et fermeté. Sous l'empire, au milieu de la décomposition générale des mœurs et des idées, il était resté le gardien sévère des doctrines spiritualistes et le défenseur des hautes croyances qui seules donnent un sens et un but à la vie humaine.

Le grand coupable, c'est le matérialisme, l'athéisme politique et social. Lui seul a préparé contre l'Église cette explosion de haine sauvage, dont le drame de la Roquette est le dernier épisode et le plus sanglant.

Depuis vingt ans surtout, sous les formes les plus diverses, dans la littérature comme dans la philosophie, au théâtre comme dans le roman, en médecine comme dans l'économie politique, la propagande matérialiste s'étend, se propage en tous sens. Chaque matin, comme ces germes de mort que le vent disperse au loin, elle va s'abattre sur nos grandes villes; portée par des milliers de journaux, elle pénètre dans les familles et les ateliers, elle se mêle partout à l'air que nous respirons. Parler ainsi, nous le savons, c'est tomber dans un lieu commun. Peu importe, si ce lieu commun est une vérité. Peut-on en douter, quand elle est affirmée par les témoignages les plus opposés? Un philosophe, M. Janet, peu suspect de complaisance cléricale, disait il y a quelque temps : « Les destinées de l'idée spiritualiste sont aujourd'hui menacées par le flot le plus formidable qu'elle ait essuyé depuis l'Encyclopédie ». Parcourez la presse étrangère quand elle s'occupe de la « nation impie ». Le *Times*, hier encore, écrivait ces mots : « Beaucoup, en France, se sont donné la mission de couper fil à fil les liens de respect qui rattachaient le peuple à la société policée, à l'autorité, à la loi. On lui a dit qu'il était le seul maître, qu'il ne devait obéir qu'à lui-même, c'est-à-dire à ses passions, à ses convoitises; que la vie finissait à la mort; que la justice humaine était la seule que l'on pût craindre, et que celle-ci n'était que la chaîne formée par les générations des forts pour tenir les faibles en esclavage. » Que les sceptiques qui s'en vont répétant, d'un air dégagé, que ce sont là des désespoirs de sacristie, une manière de *spectre clérical* propre à effrayer les imaginations délicates, entendent du moins les railleries cruelles de la presse allemande et les mépris hautains du prince de Bismark à l'égard d'une nation qui ne croit plus à rien.

Eh bien! devant le spectacle des maux présents, nous demandons aux chefs des écoles antichrétiennes, qu'elles s'appellent positivisme, panthéisme, athéisme, morale indépendante, socialisme, s'ils ne sentent pas peser sur eux de graves responsabilités, si la leçon n'est pas assez terrible pour ébranler la confiance qu'ils paraissaient avoir dans leur infaillibilité.

L'un d'eux, avec une sincérité honnête, a publiquement désavoué quelques-unes de ses doctrines anciennes; mais, nous le craignons, plusieurs rediront encore ce que M. Renan écrivait il y a quelques années : « Les chefs de la pensée abstraite ne se doutent pas qu'il y ait une société humaine, ou du moins ils spéculent comme s'il n'y en avait pas [1]. » Un homme dont le nom restera tristement célèbre dans les annales de la Commune, M. Félix Pyat, aura le droit de vous répondre, comme il le faisait dans un discours en 1848 : « Le peuple est un grand logicien qui ne manque jamais de conclure. » Et l'histoire le dit assez haut. Relisez celle de la Réforme. Luther, pour établir sa doctrine de la justification par la foi, avait « foudroyé le libre arbitre, » selon l'expression de Bossuet. La question était agitée avec passion dans les écoles et les académies. Il semblait tout d'abord qu'elle ne dût pas franchir les limites de la simple spéculation. Deux barrières, aujourd'hui abaissées, s'élevaient entre les savants et le peuple : le latin, qui était la langue de la discussion théologique, et une terminologie abstraite et encore toute scolastique. Et cependant Érasme écrit un jour, dans une de ses lettres : « On entend les soldats répéter çà et là : « Qu'importe? Il n'y a pas de li-« bre arbitre. Dieu opère en nous le bien comme le mal. » Les corroyeurs, en buvant ensemble, disputent sur le libre arbitre. » Ce fut les livres de Luther à la main que les paysans, en 1525, se levèrent en masses immenses dans presque tous les cercles de l'Allemagne, et qu'ils pillèrent les châteaux et les couvents. Dix ans plus tard, quand, prenant pour mot de ralliement un second baptême, les révoltés s'enfermèrent avec Jean de Leyde à Munster, que di-

---

[1] *Revue des Deux Mondes* du 1ᵉʳ avril 1858.

saient-ils à Luther : « Maître, tu as dit que c'est la foi seule qui jus-
tifie ; or quelle efficacité peut avoir le baptême qui précède la foi? »
Et Luther, que ce même Érasme compare cruellement à Néron, as-
sistant de loin et sans danger à l'incendie qu'il avait allumé, criait
aux princes allemands : « Frappez, percez, tuez en face ou par der-
rière ; un séditieux est un chien enragé qui vous mord si vous ne l'a-
battez. » Mélanchthon, de son côté, répétait tristement le mot du
philosophe ancien : « Nous donnons de la main droite, et nos disci-
ples prennent de la main gauche. » Et, réfugié chez lui, loin des re-
gards de Luther, qui le fascinaient, plein de doute et d'accablement,
il laissait couler ces larmes que sa fille venait pieusement essuyer.
Aujourd'hui, parmi les chefs des écoles antichrétiennes, qui voient
dans quels excès terribles peut se précipiter un peuple sans foi et
sans Dieu, puisse-t-il se rencontrer un Mélanchthon !

Quoi qu'il en soit, il est impossible de se méprendre sur les termes
dans lesquels se pose présentement la question religieuse dans notre
pays. La France sera-t-elle athée ou catholique? Toute solution
moyenne est irrévocablement écartée.

D'ailleurs, en établissant cette alternative, nous ne saurions sur-
prendre que des esprits inattentifs à l'histoire de nos crises religieu-
ses. Qui en suit l'enchaînement depuis le seizième siècle, où com-
mence l'ère des temps modernes, reconnaît que l'hérésie matérialiste de l'heure présente complète, pour ainsi dire, avec la Réforme
et le déisme philosophique du dix-huitième siècle, la trilogie des
épreuves que le Christ a permises pour purifier et affermir son
Église. Trois fois le terrain de la lutte a changé, et il semble que
l'audace agressive des ennemis du catholicisme se soit accrue dans
la mesure même de leur impuissance. La Réforme invoquait l'Évangile contre l'Église; le déisme philosophique du dix-huitième siècle
attaqua l'Église et l'Évangile au nom de la raison et de Dieu ; c'est
contre l'Église, l'Évangile et Dieu même que se tourne maintenant
l'effort des matérialistes. Ils ont dit : « L'Évangile n'a pas renversé
l'Église; le Dieu de Voltaire n'a pas abattu l'Évangile; que ce Dieu
abstrait et sans force périsse donc! A nous de proclamer l'avénement
du seul et vrai Dieu, l'Homme! » Ils attaquent Dieu par haine de
l'Église, plus encore que l'Église par haine de Dieu, et par là ils con-
fessent, sans le vouloir, que Luther, Calvin et Voltaire ont été vain-
cus, et que pour avoir raison du catholicisme il n'y a plus qu'un
moyen à tenter, celui de l'écraser sous les ruines mêmes de l'idée
de Dieu.

Ils ont raison. Chez les nations européennes où le protestantisme
est resté la forme dominante du culte, il n'a pu le faire qu'en se ré-
signant à dévier sans cesse de son principe, à corriger tous les jours

ses formulaires, à s'élargir de plus en plus, pour se prêter à toute la variété d'un sentiment religieux toujours profond, il est vrai, mais exclusivement subjectif, et qui n'a plus d'autre règle que lui-même. Ce qui a toujours empêché le protestantisme de jeter en France de profondes racines, c'est qu'il s'est heurté contre l'esprit logique de la nation, qui sent le besoin de la discipline par l'impatience même qu'il éprouve souvent à la supporter. D'un autre côté, le rationalisme, à une certaine époque, prenait à l'égard du catholicisme des airs légèrement protecteurs, et volontiers lui reprochait de dédaigner l'alliance qu'il lui offrait, sous la condition d'une indépendance réciproque. En est-il ainsi maintenant, et M. Quinet écrirait-il, comme en 1840 : « Au dix-huitième siècle, la philosophie attaquait le catholicisme; aujourd'hui elle fait pis, elle le défend, » donnant ainsi à entendre que l'Église croulerait le jour où elle ne serait plus étayée par le déisme philosophique ? Les rôles sont retournés, et de grands esprits, comme Augustin Thierry et Cousin, partis du rationalisme pur, sont venus, au déclin de leur vie, toucher, si je puis dire, à la rive catholique, avouant que c'était encore celle dont les bords, après tant d'orages, étaient le moins entamés. Le chef de l'école éclectique disait, quelques mois avant sa mort, cette parole expressive, dont nous garantissons l'authenticité : « Le catholicisme est le dernier rempart du spiritualisme. »

Il est donc vrai qu'à l'heure où nous sommes, le catholicisme et le matérialisme restent seuls en présence. Ce que nous appelons le matérialisme est loin sans doute de représenter un seul parti. Il s'étend depuis la plus grossière réhabilitation de la vie animale jusqu'à l'école de ces délicats qui parlent sans cesse de Dieu, tout en trouvant « le mot un peu lourd, » et d'ailleurs, en l'interprétant d'une manière si raffinée, qu'il s'évapore pour ainsi dire, et qu'il n'en reste plus qu'une ombre flottante, une fumée insaisissable. Ces écoles se combattent et se méprisent entre elles, mais elles se réunissent en ce point, que toutes nient absolument le Dieu créateur, le Dieu vivant et toujours présent dans l'humanité par sa providence et sa justice, qu'elles repoussent comme une chimère de l'orgueil l'idée de l'âme survivant au corps, et gardant la conscience de sa personnalité. En face de ces écoles d'erreurs, unies pour détruire, divisées pour rebâtir, se dresse l'Église catholique, immuable dans ses doctrines, immuable dans sa morale. Elle se voit sans crainte battue par tous ces flots irrités, elle sait son histoire, elle compte tous les ennemis qui l'ont assaillie depuis Arius, et comme elle a trouvé dans chaque épreuve le Christ fidèle à ses promesses, elle ne se trouble aujourd'hui ni dans son espérance ni dans sa foi.